ARTE

ANGELA ANITA CANTELE
Bacharel em Artes Plásticas pela Faculdade de Belas-Artes de São Paulo. Licenciatura plena em desenho pela Faculdade de Belas-Artes de São Paulo. Decoração de interiores pela Escola Panamericana de Arte. Cursos de artesanato, dobradura, pintura em tela, aquarela, guache, entre outros. Professora do Ensino Fundamental e do Ensino Médio. Autora de livros didáticos e Arte-educadora.

BRUNA RENATA CANTELE
Mestra em Educação, orientadora educacional, pedagoga e historiadora. Curso de desenho artístico e publicitário com o professor doutor Paulo da Silva Telles. Curso de história da arte em Florença e em Veneza, na Itália. Professora do Ensino Fundamental e do Ensino Médio. Assessora pedagógica e autora de livros didáticos e paradidáticos.

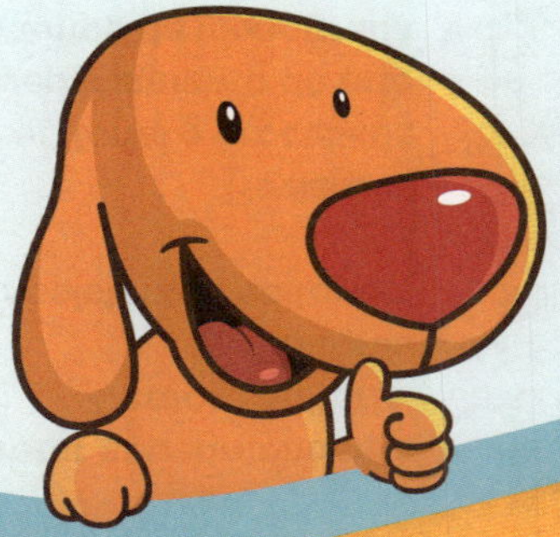

4ª edição
São Paulo
2023

Eu gosto m@is – ARTE
4º ano
© IBEP, 2023

Diretor superintendente	Jorge Yunes
Diretora editorial	Célia de Assis
Editores	RAF Editoria e Serviços
Assistentes editoriais	Isabella Mouzinho, Stephanie Paparella, Isis Ramaze, Daniela Venerando
Revisores	RAF Editoria e Serviços, Yara Afonso
Secretaria editorial e processos	Elza Mizue Hata Fujihara
Departamento de arte	Aline Benitez, Gisele Gonçalves
Assistentes de iconografia	Victoria Lopes, Irene Araújo e Ana Cristina Melchert
Ilustração	José Luís Juhas, Lie Kobayashi
Produção Gráfica Editorial	Marcelo Ribeiro
Projeto gráfico e capa	Aline Benitez
Diagramação	Nany Produções Gráficas

Impressão - Gráfica Mercurio S.A. - Agosto 2024

Dados Internacionais de Catalogação na Publicação (CIP) de acordo com ISBD

C229e   Cantele, Angela Anita
Eu gosto m@is: Arte / Angela Anita Cantele, Bruna Renata Cantele. - 4. ed. - São Paulo : IBEP - Instituto Brasileiro de Edições Pedagógicas, 2023.
il. : 27,5 cm x 20,5 cm. - (Eu gosto m@is 4º ano)
Inclui anexo.
ISBN: 978-65-5696-427-0 (Aluno)
ISBN: 978-65-5696-428-7 (Professor)

1. Educação. 2. Ensino fundamental. 3. Livro didático. 4. Arte.
I. Cantele, Bruna Renata. II. Título. III. Série.

2023-1194   CDD 372.07
                  CDU 372.4

Elaborado por Odílio Hilario Moreira Junior - CRB-8/9949

Índice para catálogo sistemático:
1. Educação - Ensino fundamental: Livro didático 372.07
2. Educação - Ensino fundamental: Livro didático 372.4

4ª edição – São Paulo – 2023
Todos os direitos reservados

IBEP
Rua Gomes de Carvalho, 1306, 11º andar, Vila Olímpia
São Paulo – SP – 04547-005 – Brasil – Tel.: (11) 2799-7799
www.editoraibep.com.br   editoras@ibep-nacional.com.br

APRESENTAÇÃO

O livro **Eu gosto m@is – Arte** traz momentos nos quais você poderá aplicar técnicas artísticas, como: pintar, desenhar, modelar, recortar e colar, dançar, dramatizar, cantar, fazer artesanato e muitas atividades nas quais você poderá explorar a sua criatividade.

Neste livro você vai conhecer tipos de trabalhos artísticos, alguns artistas e suas obras, fazer releituras e acrescentar arte à sua vida.

Você verá que toda vez que somos capazes de produzir algo com a arte, sentimo-nos realizados.

Um bom ano de estudos em **Eu gosto m@is – Arte**... e conte conosco.

As autoras

SUMÁRIO

Lição 1 – As cores quentes e as cores frias 7
- Atividade 1 – Pintando com cores quentes 8
- Atividade 2 – Pintando com cores frias 9
- Atividade 3 – Textura tátil e textura gráfica 10
- Atividade 4 – Textura gráfica com caneta hidrocor 11
- **Atividade 5 – Páscoa – Dobradura e montagem do coelho e do cartão** 12
- Atividade 6 – Pintando uma máscara 14

Lição 2 – Teatro – Elementos do teatro 15
- Atividade 7 – Jogos teatrais 16
- Atividade 8 – Peça *O menino que queria...* 17
- Atividade 9 – Fantoche de mão 19
- Atividade 10 – Patrimônio cultural – Material e imaterial 20
- **Atividade 11 – Dia das Mães – Recorte e montagem de cartão** 21

Lição 3 – O vitral 22
- Atividade 12 – Pintando um vitral 23
- Atividade 13 – Criando um vitral 24
- Atividade 14 – Efeito vitral – Colagem com adesivos 25
- **Atividade 15 – Dia dos Pais – Recorte e montagem de um porta-lápis** 26

Lição 4 – Conhecendo Paul Cézanne 27
- Atividade 16 – Pintando uma obra de Paul Cézanne 28
- Atividade 17 – Releitura de uma obra de Paul Cézanne 29
- Atividade 18 – A arte da fotografia 30
- Atividade 19 – Recorte e colagem – Montagem de uma flor 31

Lição 5 – Os diferentes ritmos na dança..**32**
- Atividade 20 – Jogos musicais.. 33
- Atividade 21 – *Show* de talentos... 34
- Atividade 22 – Reciclagem.. 35
- Atividade 23 – Pintando com molde vazado... 36
- Atividade 24 – Formas geométricas... 37
- **Atividade 25 – Folclore – Brinquedos, brincadeiras e cantigas**............. 38

Lição 6 – Expressão musical – Partitura e notas musicais..................**39**
- Atividade 26 – Registrando notas musicais – Simbologia 40
- Atividade 27 – Jogos musicais – Desenho e pintura 41
- Atividade 28 – Desenhando e contando – História em quadrinhos 42
- Atividade 29 – Técnica de pintura – Giz de cera 43
- Atividade 30 – Manifestação artística – Ao som do baião 44
- Atividade 31 – Cores – primárias, secundárias, quentes e frias............ 45
- **Atividade 32 – É Natal! – Decoração** 46

ALMANAQUE 47

AS CORES QUENTES E AS CORES FRIAS

As cores quentes são o amarelo, o laranja, o vermelho e os tons derivados dessas cores.
As cores frias são o azul, o verde, o roxo e os tons derivados dessas cores.
Observe as escalas de cores quentes e frias e as obras de arte com predominância dessas cores.

Cores quentes.

Cores frias.

Paul Klee, *Senecio*, 1922.
Óleo sobre tela. 40,5 cm × 38 cm.

Vincent van Gogh, *Lírios*, 1889.
Óleo sobre tela. 74,3 cm × 94,3 cm.

ATIVIDADE 1

PINTANDO COM CORES QUENTES

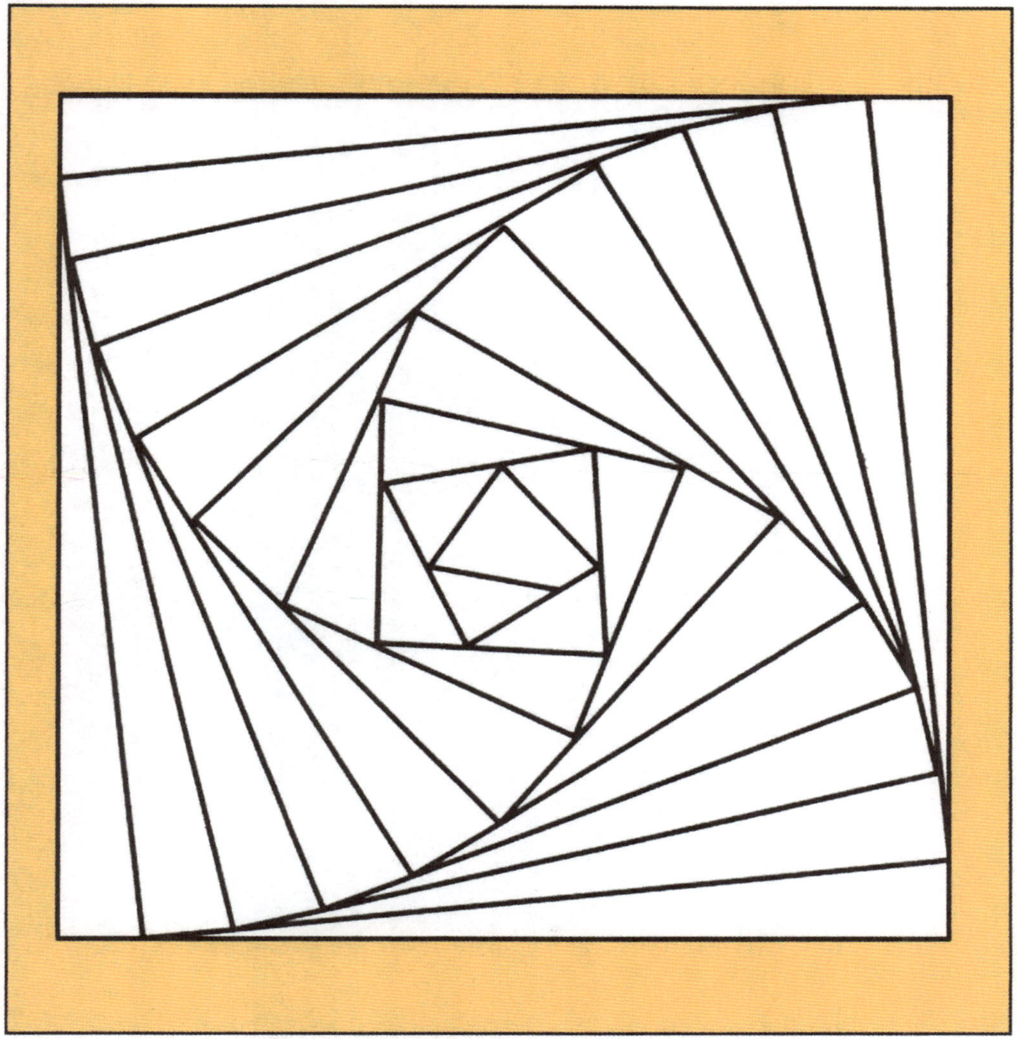

8

 ATIVIDADE 2

PINTANDO COM CORES FRIAS

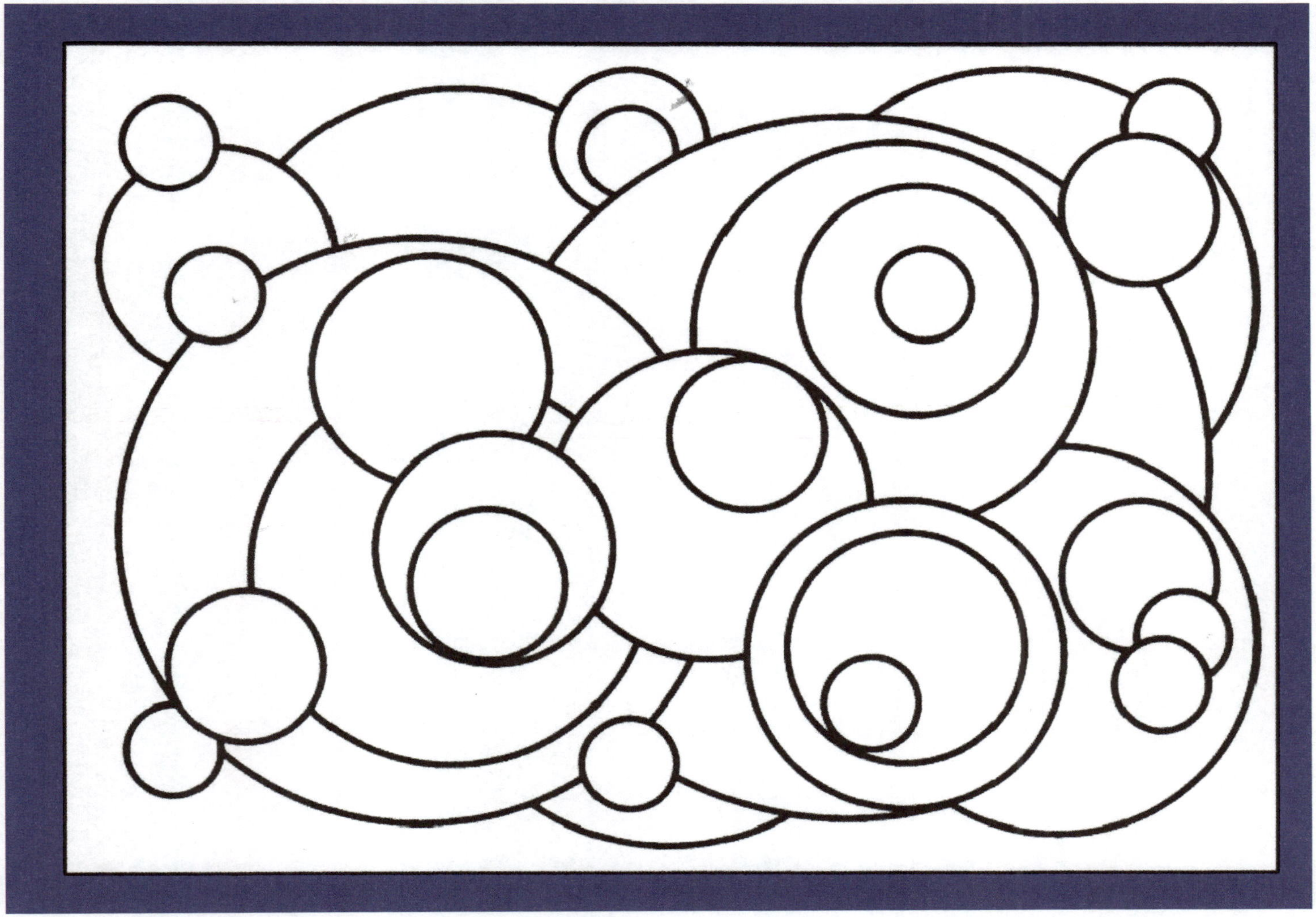

TEXTURA TÁTIL E TEXTURA GRÁFICA

A textura tátil é aquela que podemos sentir pelo tato. Cada objeto ou elemento da natureza tem uma textura característica. Feche os olhos e pense estar passando a mão sobre uma maçã. Sua superfície é lisa, não é? Agora imagine que esteja pegando um punhado de areia. Ela é granulada, não é? A maçã e a areia têm texturas táteis diferentes.

A textura gráfica é aquela que podemos ver e construir com o auxílio de materiais gráficos, por exemplo, lápis grafite, lápis de cor, giz de cera, caneta hidrográfica, marcadores e tintas em geral. Para fazer textura gráfica são utilizados pontos, linhas, formas repetidas e cores. Hoje em dia podemos criar texturas gráficas também com o auxílio da tecnologia digital.

Observe as imagens de textura tátil e de textura gráfica.

Textura tátil.

Textura tátil.

Textura gráfica.

Textura gráfica.

ATIVIDADE 4

TEXTURA GRÁFICA COM CANETA HIDROCOR

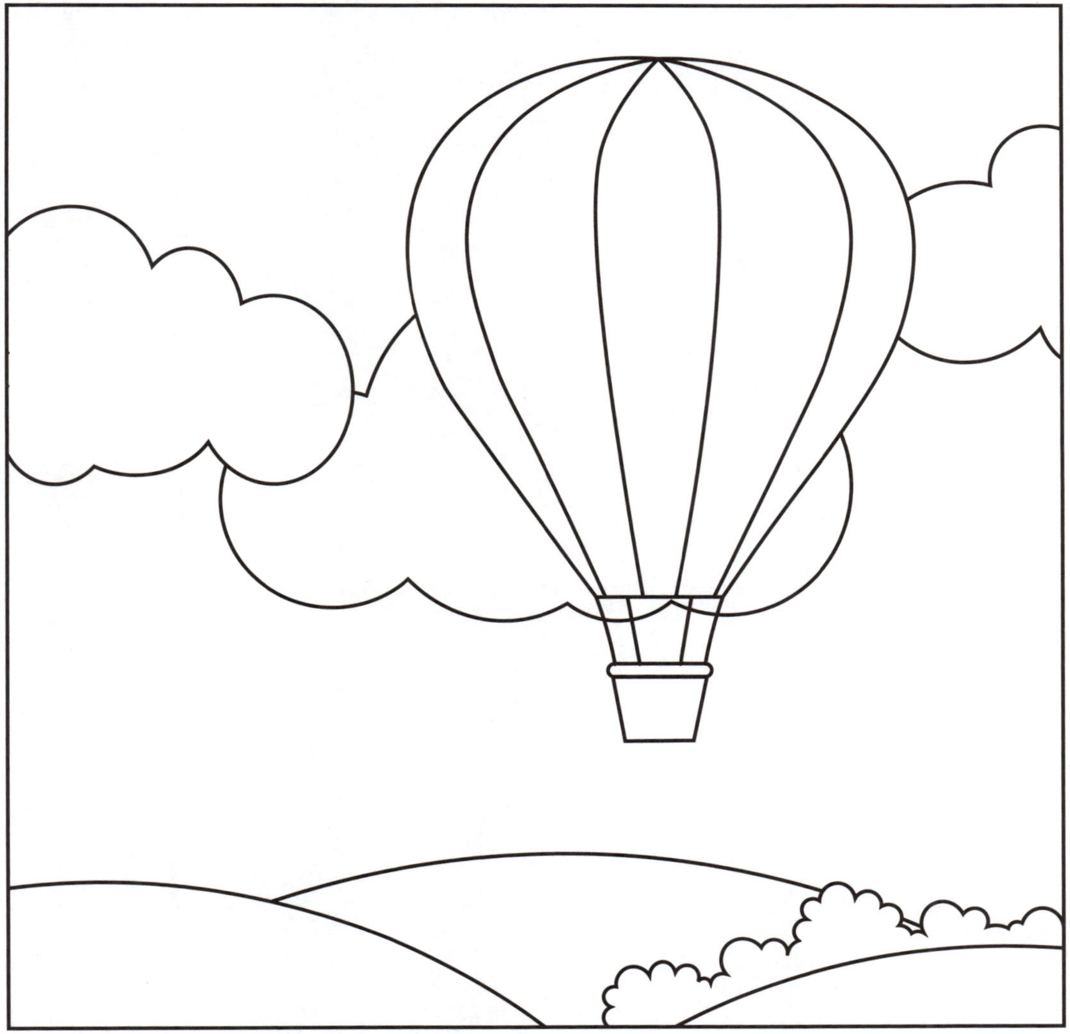

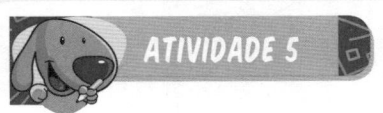

PÁSCOA – DOBRADURA E MONTAGEM DO COELHO E DO CARTÃO

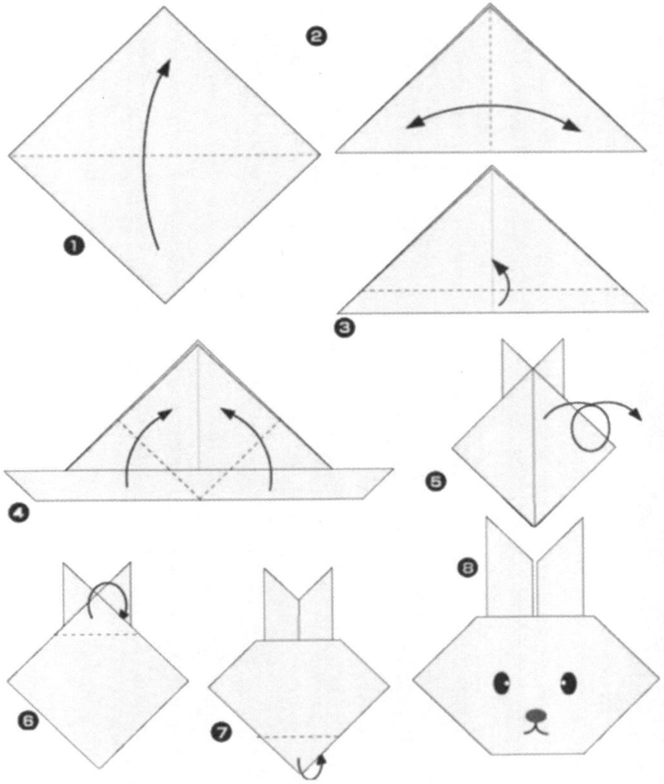

ATIVIDADE 5 — CONTINUAÇÃO

PÁSCOA – DOBRADURA E MONTAGEM DO COELHO E DO CARTÃO

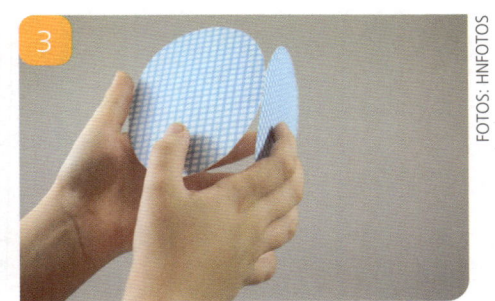

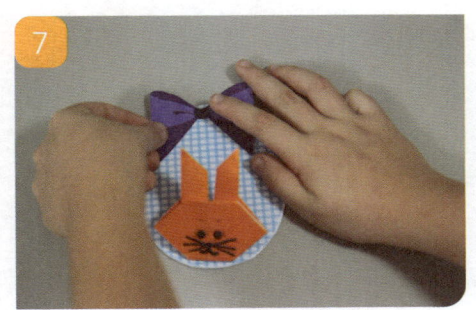

ATIVIDADE 6

PINTANDO UMA MÁSCARA

A máscara é um objeto usado no rosto em ocasiões especiais, como festas e cerimônias religiosas.

PISIT RAPITPUNT/SHUTTERSTOCK

AQUARIAGIRL1970/SHUTTERSTOCK

SHUTTERSTOCK

14

LIÇÃO 2 — TEATRO – ELEMENTOS DO TEATRO

Para uma peça de teatro acontecer são necessários vários elementos, um deles são os atores, que representam os personagens, mas existem outros elementos como:

Peça: a peça é o tema, o assunto que queremos apresentar. Ele pode ser criado por nós ou retirado de histórias infantis.

Atores: são os personagens que estão representando as peças. Os atores devem falar bem alto, com clareza, para as pessoas que estiverem assistindo (os espectadores) ouvirem bem.

Palco: é o local onde os atores se apresentam.

Cenário: espaço onde os atores se apresentam, e com um pouco de criatividade se monta um bom cenário, usando objetos como cortinas, lençóis, cadeiras, tapetes usados, entre outros.

Figurino – roupas: é o que caracteriza o personagem. Um pirata, por exemplo, pode tampar um olho com um pedaço de pano preto; um médico pode ser caracterizado com uma camisa branca de tamanho maior.

Efeitos sonoros: é um dos elementos que dá vida à peça e ajuda na atuação dos atores. Agitar pedrinhas dentro de uma caixa, por exemplo, reproduz o efeito de chuva. Bater em um tambor produz o efeito de trovão. Dar pancadas leves na mesa produz o efeito de galope de cavalos etc.

ATIVIDADE 7

JOGOS TEATRAIS

UM DIA NO(A) _____

ATIVIDADE 8

PEÇA O MENINO QUE QUERIA...

Peça de teatro infantil **O menino que queria...**
Do livro: *O menino que queria...*
Autores: Bruna Renata Cantele e Daniel Ricardo Billerbeck Nery

Narrador
Era uma vez um menino chamado Augusto. Ele era muito cheio de vontades. A cada manhã, ele se levantava e desejava algo impossível. Imaginem só...

Personagem 1 – Menino Augusto
– Mamãe, quero uma maçã lilás, um cavalo de vidro que galope de verdade, um cinto dourado como os raios do sol!!!

Personagem 2 – Mamãe
– Você vai me deixar louca com tantos pedidos, meu filho. Com dois quartos cheios de brinquedos, vários conjuntos de roupas, cintos coloridos. Estuda em uma boa escola, seus professores são alegres, competentes e simpáticos. Tem uma casa para morar, uma família que o ama muito, o que mais você quer?

Personagem 1 – Menino Augusto
– Mãe, quero um par de sapatos de vento, bolas de sabão em forma de relógio, uma televisão que só passe desenhos.

Personagem 3 – Pai
O pai preocupado, por sua vez, dizia:
— Por que meu filho é assim? Vive pedindo coisas impossíveis, todos os dias!!!

Personagem 1 – Menino Augusto
E o menino continuou com seus pedidos:
– Pai, quero um chapéu musical, uma verdura que esteja temperada com óleo e limão na planta, um homem de neve que não derreta ao sol!!!

Personagem 2 – Mamãe
Depois de muito pensar, a mãe e o pai de Augusto resolveram levá-lo ao médico.
— Vamos ver o que tem esse menino.

Personagem 4 – O médico
Após examiná-lo, o médico disse:
— O menino é saudável não tem nada, fiquem tranquilos...

Personagem 1 – Menino Augusto
Saindo do médico, o menino começou:
—Mãe, quero uma fatia de lua frita com manteiga, uma bola de fogo que eu chute e não me queime!

Personagem 2 – Mamãe
—Ah!!! – Disse a mãe – vamos ao psicanalista resolver este problema.

Personagem 3 – Pai
O pai preocupado, concordou.

Personagem 4 – O médico
O médico psicanalista examinou o menino e disse:
– Este menino não tem nada, ele vive no mundo da fantasia, inventando coisas.

ATIVIDADE 8 — CONTINUAÇÃO

Personagem 1 – Menino Augusto
O menino saiu do médico e disse:
– Pai, quero uma espada da cor do arco-íris, um anel feito dos fios da teia de aranha, um sorvete de morango com geleia de leão!

Personagens 2 e 3 – Mãe e Pai
Os pais voltaram ao psicanalista e disseram:
— Doutor, o Augusto continua o mesmo. O que devemos fazer?

Personagem 4 – O médico
— Muito bem, a minha receita é a seguinte: Façam de conta que estão vivendo também as fantasias dele. Entre no mundo encantado de sua imaginação e vivenciem as coisas absurdas que ele pede. Vocês devem entender que, nesta idade, as crianças vivem no mundo da fantasia e que algumas possuem mais que outras. O importante é que vocês o amem muito e respeitem-no como ser humano.

Personagem 3 – Pai
Eles chegaram em sua casa e disseram ao menino:
— Olhe aí seu cavalo de vidro, galope nele. Eis aqui a sua maçã lilás, coma-a.

Personagem 1 – Menino Augusto
– Ótimo, respondeu o garoto.
No dia seguinte, andando pela rua, os pais de Augusto viram uma menina que misturava água e terra.

Personagem 3 – Pai
– O que você está fazendo? – perguntou o pai de Augusto.
— Estou preparando uma sopa para o jantar. Neste banquete que darei ao rei, teremos lua frita à milanesa, frutas, plantas, saladas, maçãs de várias cores e talvez um caldo de rabo de tigre.

Personagens 2 e 3 – Mãe e Pai
– Hum! – Disseram eles – de fato o jantar ficará ótimo, uma delícia! — entrando na dela.
O casal andou mais um pouco e viu um garoto que estava sentado sobre o muro com uma lata vazia próxima ao ouvido.
— O que você está fazendo com essa lata ao lado do seu ouvido?

Personagem 1 – Menino Augusto
— Estou escutando música, respondeu o garoto.
— Música?! Mas, nós não estamos ouvindo nada...
— Minha senhora, meu senhor, a música soa dentro do meu chapéu!

Personagens 2 e 3 – Mãe e Pai
– Agora já entendemos!
Os pais de Augusto concluíram que o psicanalista tinha razão. No mundo da fantasia, tudo é possível.

Por isso, estimado aluno, escrevemos esta história pensando na fantasia de muitas crianças que, como você, vivem.
Nossa maior preocupação é que todas as crianças possam ter direito à casa, alimentação, saúde, educação e respeito, fundamental na vida de um cidadão.
A ONU – Organização Das Nações Unidas – estabeleceu no dia 20 de novembro de 1959, a Declaração Universal dos Direitos das Crianças com 10 Artigos.

ATIVIDADE 9

FANTOCHE DE MÃO

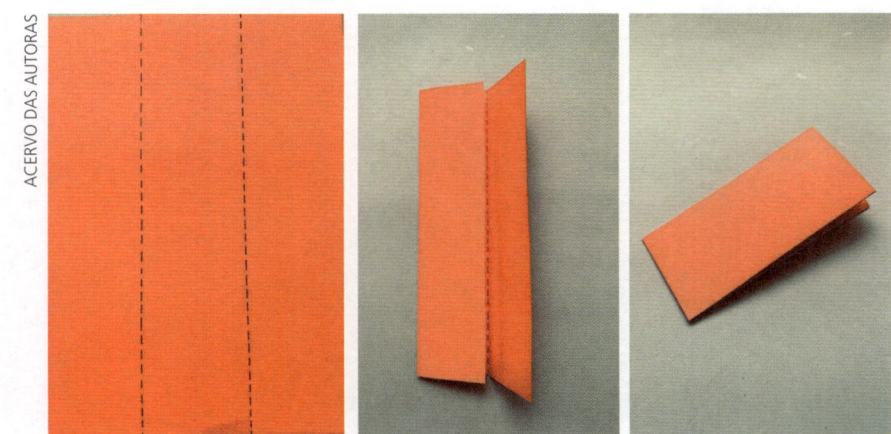

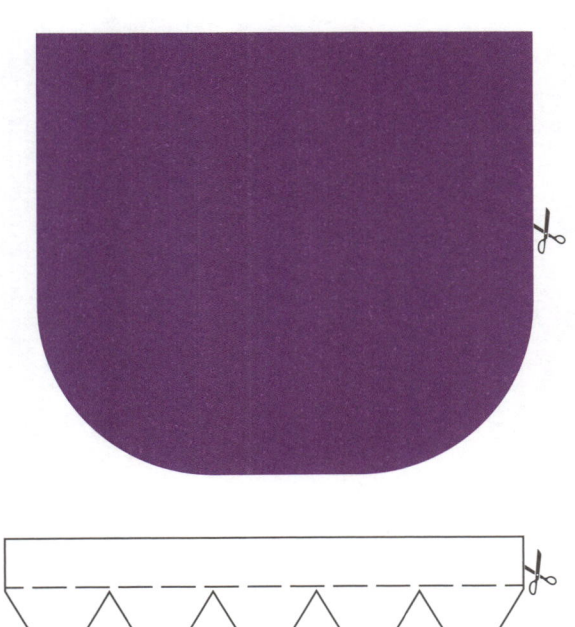

ACERVO DAS AUTORAS

19

PATRIMÔNIO CULTURAL – MATERIAL E IMATERIAL

PATRIMÔNIO CULTURAL – MATERIAL

PATRIMÔNIO CULTURAL – IMATERIAL

20

DIA DAS MÃES – RECORTE E MONTAGEM DE CARTÃO

LIÇÃO 3

O VITRAL

Vitral é um tipo de vidraça feita com vários pedaços de vidro colorido unidos por caixilhos (encaixes) de metal. Os vitrais podem retratar temas diversos, como cenas, personagens e flores, dentre outros.

Acredita-se que os vitrais surgiram antes do século IX. Eles teriam vindo do Oriente, de países mais próximos à Europa. A Itália foi um dos primeiros países do Ocidente a desenvolver vitrais, e por um bom tempo foi o centro dessa arte.

Os vitrais apareceram nas primeiras igrejas católicas e estão ligados ao momento da arte gótica. Passaram a fazer parte da arquitetura da época. Eles deixam o ambiente alegre e calmo e permitem que os raios de sol passem pelos vidros, refletindo as diversas cores de que são feitos.

Antigamente, fazer um vitral era um processo longo e demorado. O vidro era derretido e, então, a ele adicionavam-se as cores. Em seguida, o material era levado para a fornalha, onde era aquecido à temperatura de 550 °C e só depois era trabalhado pelos artesãos.

> Rosácea é uma forma muito usada e característica dos vitrais góticos.

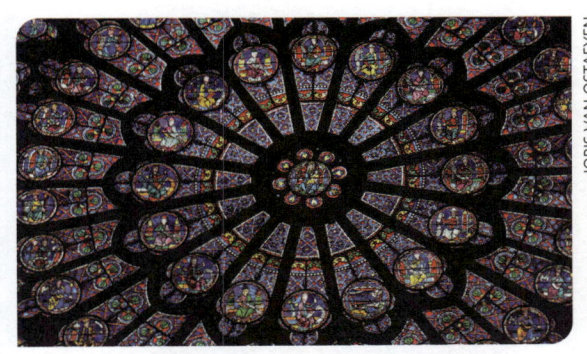

Vitral rosa na janela da Catedral de Notre-Dame, Paris, França.

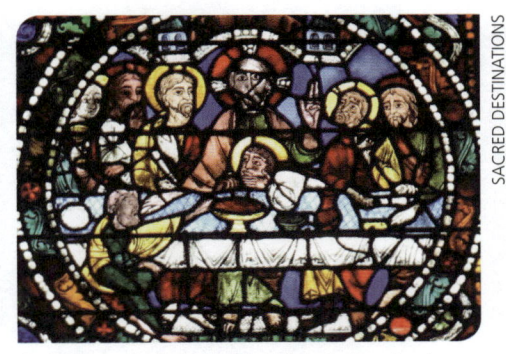

A última ceia (1150). Detalhe de janela da Catedral de Chartres, França.

Detalhe de vitral da fachada do Teatro Municipal de São Paulo, São Paulo.

ATIVIDADE 12

PINTANDO UM VITRAL

ATIVIDADE 13

CRIANDO UM VITRAL

EFEITO VITRAL – COLAGEM COM ADESIVOS

Os adesivos para a confecção do vitral estão ao final do livro.

ATIVIDADE 15

DIA DOS PAIS – RECORTE E MONTAGEM DE UM PORTA-LÁPIS

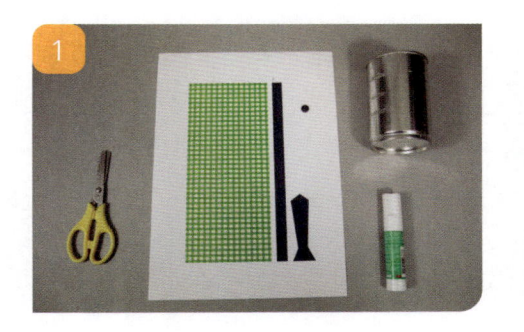

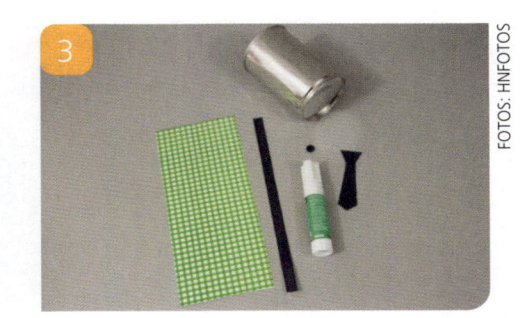

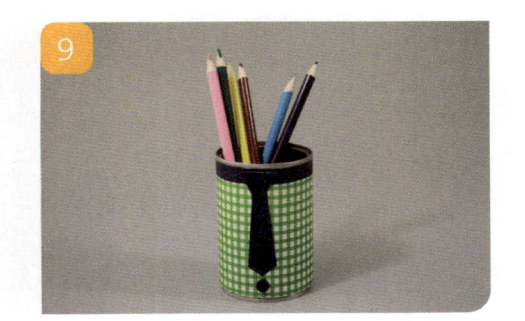

FOTOS: HNFOTOS

26

LIÇÃO 4

CONHECENDO PAUL CÉZANNE

ATIVIDADE 16

PINTANDO UMA OBRA DE PAUL CÉZANNE

ATIVIDADE 17

RELEITURA DE UMA OBRA DE PAUL CÉZANNE

ATIVIDADE 18

A ARTE DA FOTOGRAFIA

Nessa fotografia o foco era registrar o mar, então a linha do horizonte fica bem no alto da imagem.

Selfie divertida, aparecendo o lugar onde a pessoa está.

Veja como pode ficar a posição da câmera para tirar a foto de um prato de comida.

Veja que interessante uma foto de meio corpo, com a pessoa deslocada para um dos lados.

ATIVIDADE 19

RECORTE E COLAGEM – MONTAGEM DE UMA FLOR

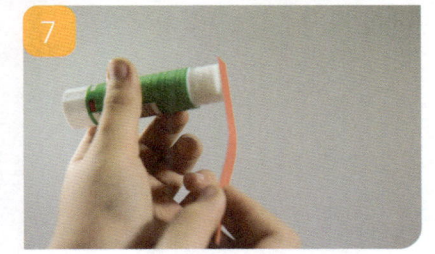

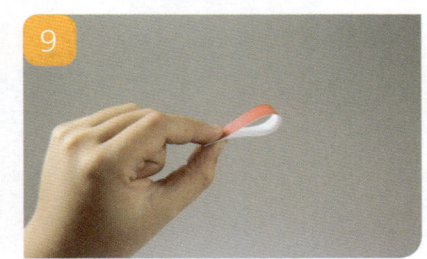

LIÇÃO 5

OS DIFERENTES RITMOS NA DANÇA

Casal dançando *rock* dos anos 1960.

Casais dançando forró.

Casal dançando tango.

Casal dançando música eletrônica.

ATIVIDADE 20

JOGOS MUSICAIS

Este é um modelo para você se inspirar e pintar a sua obra de arte!
Aqui foi usada a tinta aquarela em pastilha. O que você achou?

ACERVO DAS AUTORAS

ATIVIDADE 21

SHOW DE TALENTOS

Nome do grupo
_____

Música escolhida
_____

Figurino
_____
_____

Observações
_____
_____
_____
_____

Observe este *slogan* de um grupo de *jazz*. Você também deve criar um *slogan* para seu grupo de dança.

JAZZ MUSIC

DARIIA BARANOVA/SHUTTERSTOCK

ATIVIDADE 22

RECICLAGEM

A reciclagem é o processo industrial ou artesanal, rede de transformação do lixo em matéria-prima, com a qual se pode fazer um novo produto. O termo é também muito usado no sentido de reutilizar materiais ou adaptá-los a novos usos.

Quando reciclamos, reproduzimos energia, poupamos recursos naturais e preservamos o meio ambiente. Entre os materiais que podem ser reciclados, estão o papel, o metal, o vidro e o plástico.

PAPEL   **PLÁSTICO**   **VIDRO**   **METAL**

Que tal fazer este monstrinho com rolo de papel higiênico?

ATIVIDADE 23

PINTANDO COM MOLDE VAZADO

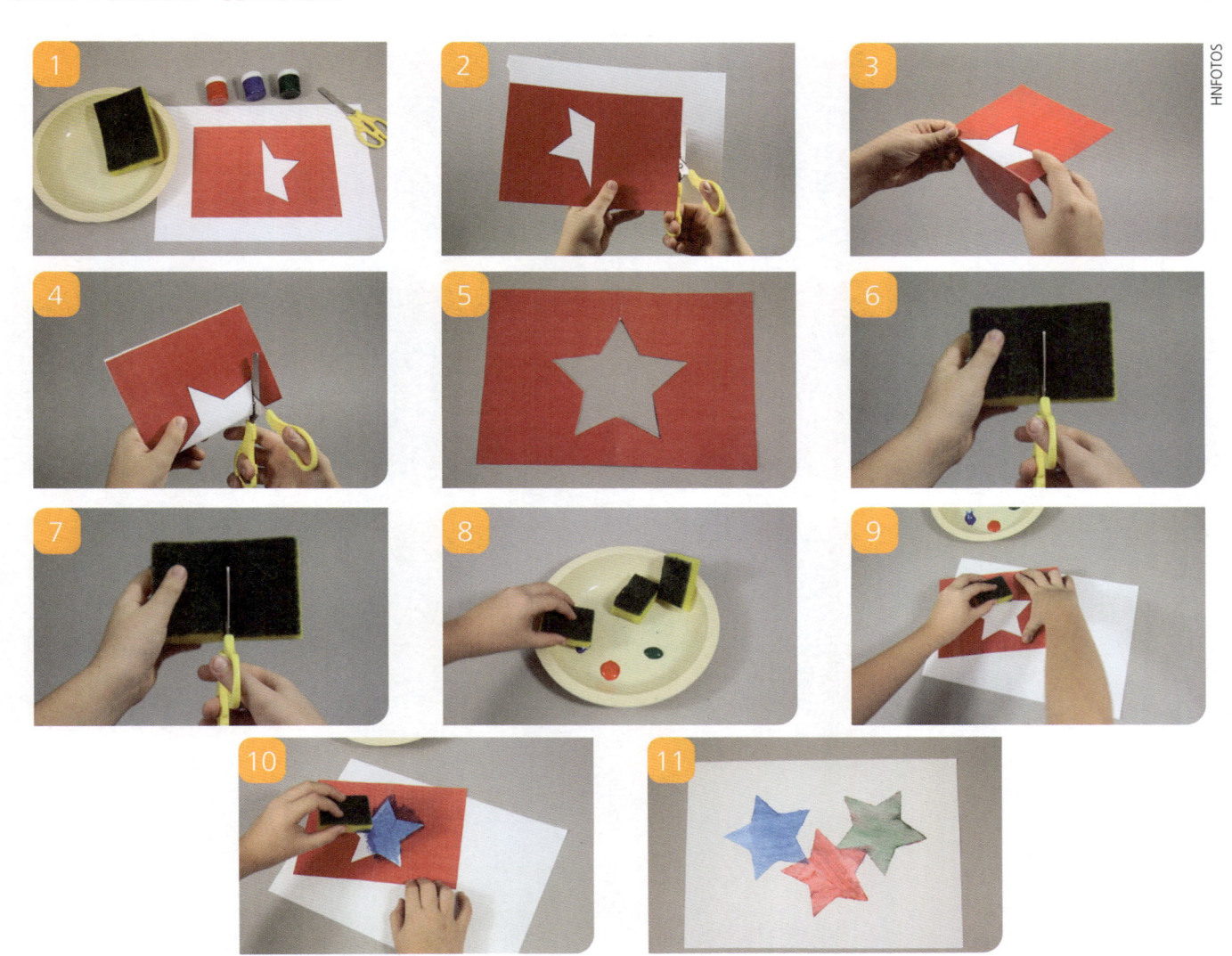

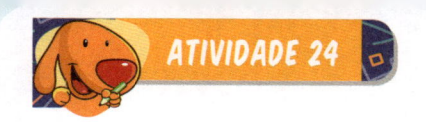

FORMAS GEOMÉTRICAS

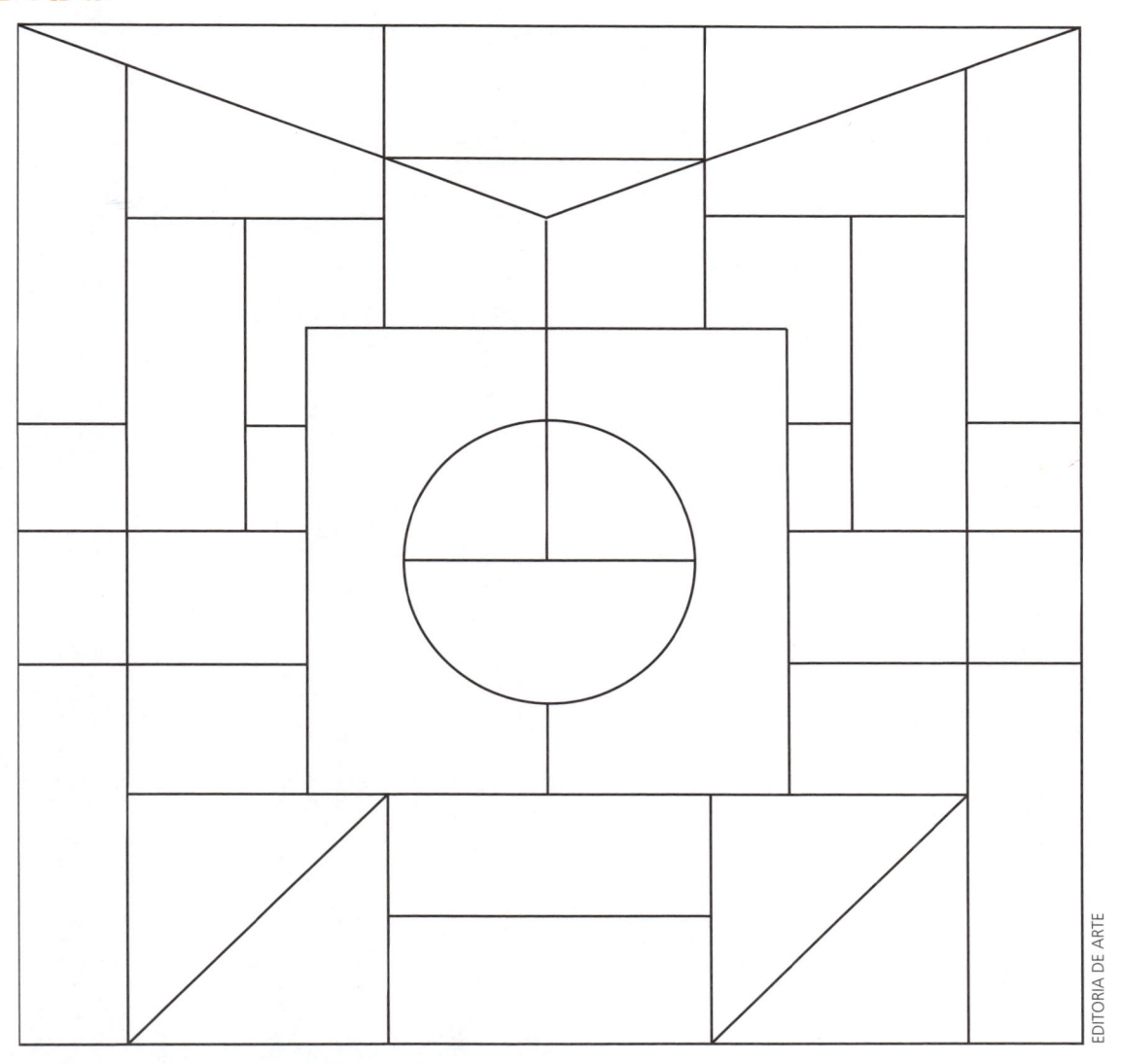

ATIVIDADE 25

FOLCLORE – BRINQUEDOS, BRINCADEIRAS E CANTIGAS

Brinquedo

Os brinquedos folclóricos, são pião, pipa, bolinha de gude, bilboquê, entre outros.

Brincadeiras

As brincadeiras folclóricas são conhecidas como brincadeiras de rua, passadas de geração em geração: amarelinha, passa anel, cabo de guerra, queimada, entre outras.

Cantigas

As cantigas folclóricas são músicas cantadas em roda, como: *Peixe vivo*, *A galinha do vizinho*, *Capelinha de melão*.

A Galinha do Vizinho

A galinha do vizinho
Bota ovo amarelinho
Bota um, bota dois, bota três,
Bota quatro, bota cinco, bota seis,
Bota sete, bota oito, bota nove,
Bota dez!

Meu Limão, Meu Limoeiro

Meu limão, meu limoeiro
Meu pé de jacarandá
Uma vez, tindolelê
Outra vez, tindolalá

LIÇÃO 6

EXPRESSÃO MUSICAL – PARTITURA E NOTAS MUSICAIS

Para um músico tocar uma música, ele usa a partitura, que é a representação escrita de uma música, padronizada mundialmente e formada por 5 linhas e 4 espaços, nos quais as notas musicais são colocadas. Em qualquer lugar do mundo, um músico pode usar uma partitura, porque as notas musicais são universais.

As notas musicais escritas nas pautas da partitura são: dó, ré, mi, fá, sol, lá e si.

Noite Feliz

Flauta Doce Soprano

Tradicional Natalina

ATIVIDADE 26

REGISTRANDO NOTAS MUSICAIS – SIMBOLOGIA

Pauta musical com as notas escritas:

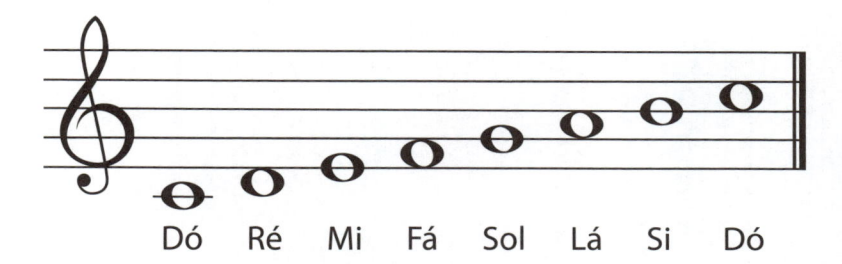

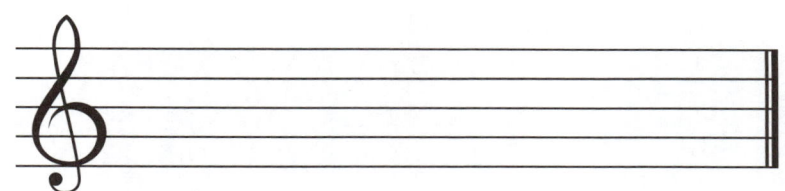

Dó   Ré   Mi   Fá   Sol   Lá   Si   Dó

Esta sequência acompanha a música *Caranguejo peixe é!*

Caranguejo peixe é!

Caranguejo não é peixe
Caranguejo peixe é
Caranguejo só é peixe
Na enchente da maré.

Ora, palma, palma, palma!
Ora, pé, pé, pé!
Ora, palma, palma, palma!
Ora, pé, pé, pé!

(Domínio público.)

JOSÉ LUÍS JUHAS

JOGOS MUSICAIS – DESENHO E PINTURA

ATIVIDADE 28

DESENHANDO E CONTANDO – HISTÓRIA EM QUADRINHOS

ATIVIDADE 29

TÉCNICA DE PINTURA – GIZ DE CERA

MANIFESTAÇÃO ARTÍSTICA – AO SOM DO BAIÃO

Asa branca

Quando "oiei" a terra ardendo
Qual fogueira de São João
Eu perguntei a Deus do céu, ai
Por que tamanha judiação
Eu perguntei a Deus do céu, ai
Por que tamanha judiação

Que braseiro, que "fornaia"
Nem um pé de "prantação"
Por "farta" d'água perdi meu gado
Morreu de sede meu alazão
Por "farta" d'água perdi meu gado
Morreu de sede meu alazão

"Inté" mesmo a asa branca
Bateu asas do sertão
"Intonce" eu disse: adeus, Rosinha,
Guarda contigo meu coração
"Intonce" eu disse: adeus, Rosinha,
Guarda contigo meu coração

Hoje longe, muitas "légua"
Numa triste solidão
Espero a chuva cair de novo
"Pra" mim "vortar" "pro" meu sertão
Espero a chuva cair de novo
"Pra" mim "vortar" "pro" meu sertão

Quando o verde dos teus "óio"
Se "espaiá" na "prantação"
Eu te asseguro
não chore não, viu
Que eu voltarei, viu
Meu coração
Eu te asseguro
não chore não, viu
Que eu voltarei, viu
Meu coração

(Luiz Gonzaga)

ATIVIDADE 31

CORES – PRIMÁRIAS, SECUNDÁRIAS, QUENTES E FRIAS

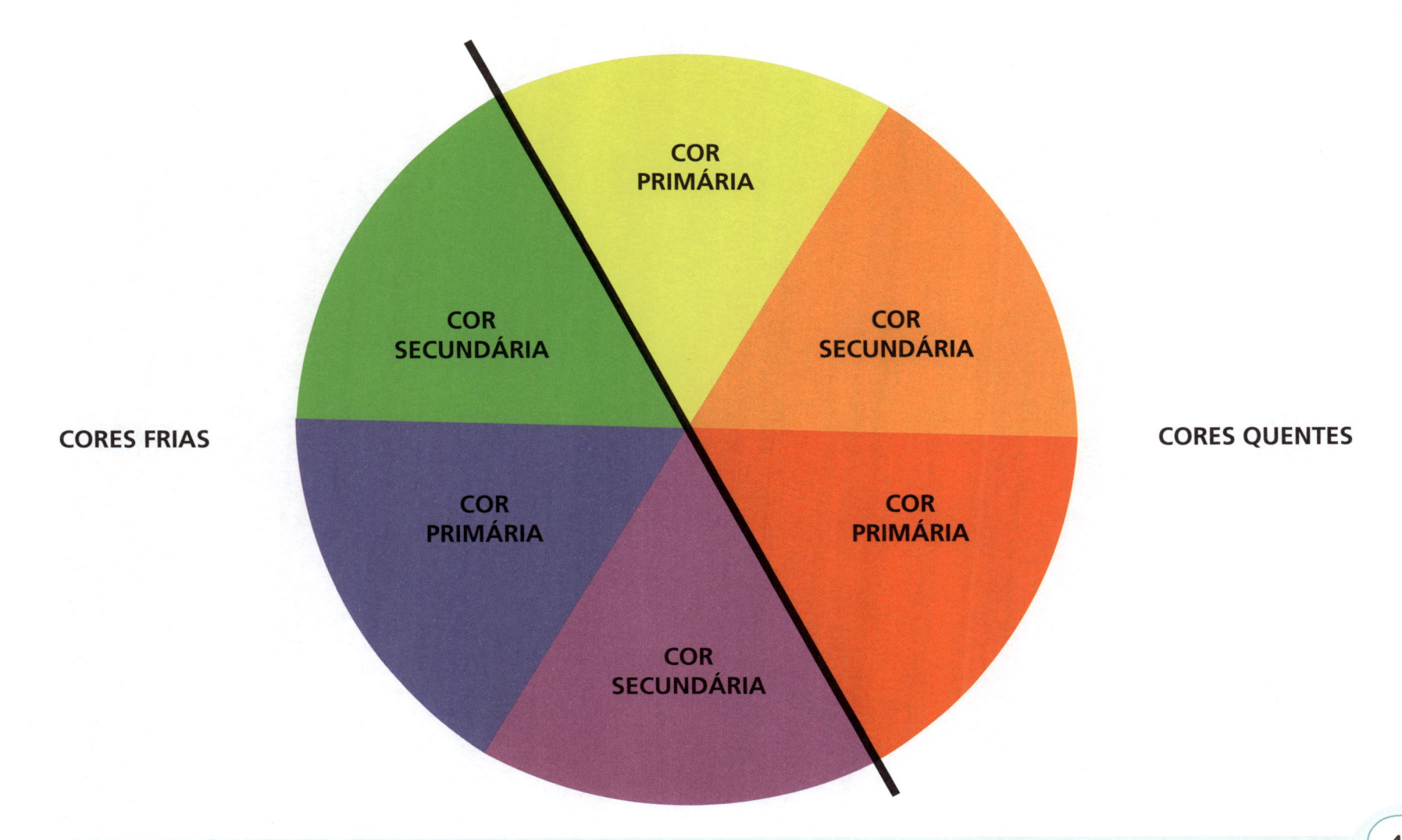

CORES FRIAS

COR PRIMÁRIA

COR SECUNDÁRIA

COR SECUNDÁRIA

COR PRIMÁRIA

COR PRIMÁRIA

COR SECUNDÁRIA

CORES QUENTES

ATIVIDADE 32

É NATAL! – DECORAÇÃO

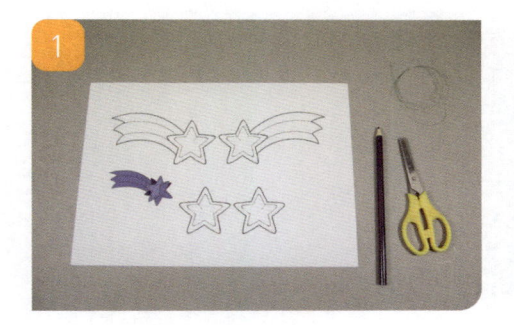

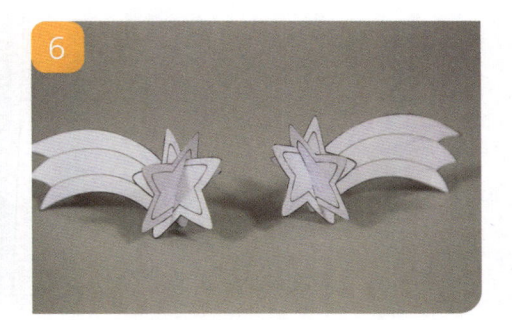

46

Coleção

Eu gosto m@is

ALMANAQUE

LIÇÃO 1

ATIVIDADE 2

ALMANAQUE

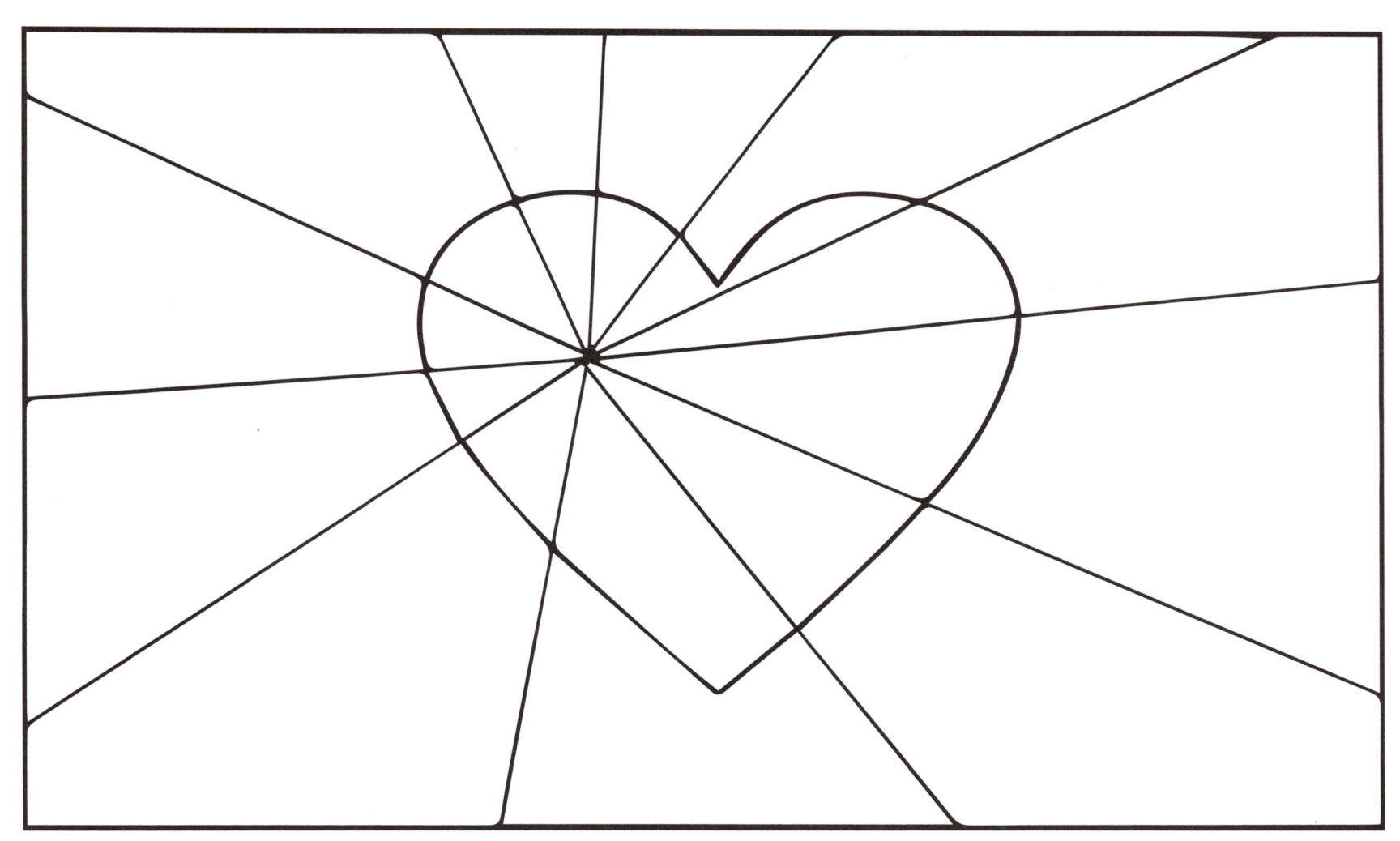

Parte integrante da Coleção Eu Gosto M@is - Arte 4º ano - IBEP.

48

LIÇÃO 1

ATIVIDADE 5

ALMANAQUE

49

Parte integrante da Coleção Eu Gosto M@is - Arte 4º ano - IBEP.

LIÇÃO 2

ATIVIDADE 11

ALMANAQUE

LIÇÃO 3

ATIVIDADE 15

ALMANAQUE

LIÇÃO 4

ATIVIDADE 19

ALMANAQUE

EDITORIA DE ARTE

Parte integrante da Coleção Eu Gosto M@is - Arte 4º ano - IBEP.

52

LIÇÃO 5

ATIVIDADE 20

LIÇÃO 5

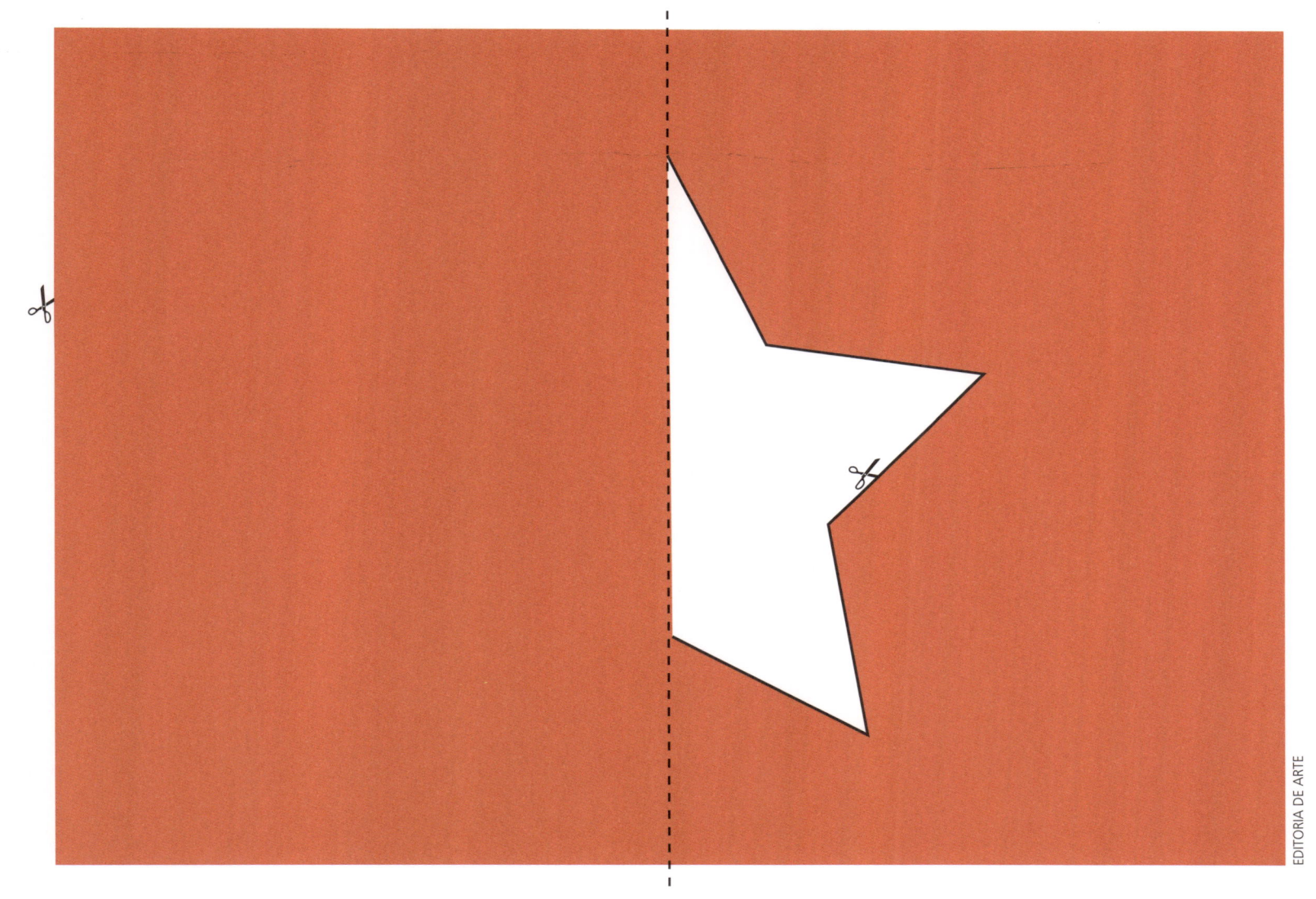

ATIVIDADE 23

54

LIÇÃO 5

ATIVIDADE 23

LIÇÃO 6

ATIVIDADE 30

ALMANAQUE

Parte integrante da Coleção Eu Gosto M@is - Arte 4º ano - IBEP.

56

LIÇÃO 6

ATIVIDADE 31

LIÇÃO 6

ATIVIDADE 32

ALMANAQUE

58

Parte integrante da Coleção Eu Gosto M@is - Arte 4º ano - IBEP.

LIÇÃO 2 — ATIVIDADE 11

Mamãe
Eu te amo

LIÇÃO 5 — ATIVIDADE 22

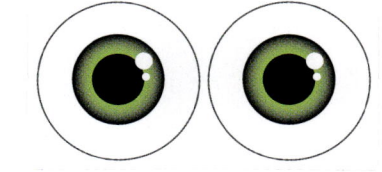

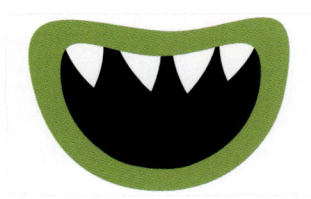

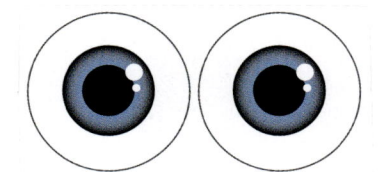

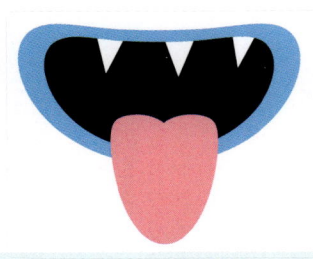

LIÇÃO 3 — ATIVIDADE 14

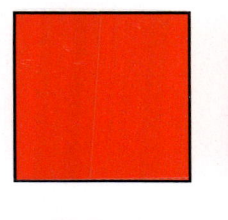

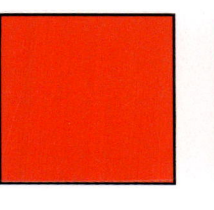

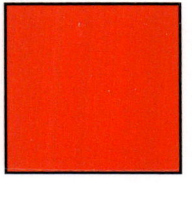

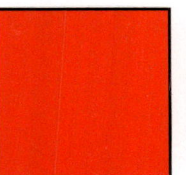

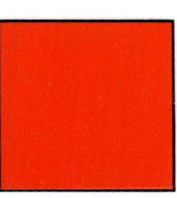

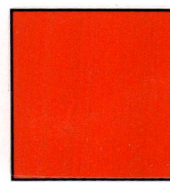

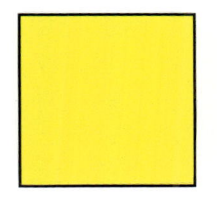

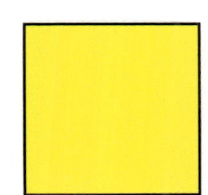

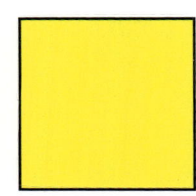

ADESIVOS